INVENTAIRE
Y.33.049

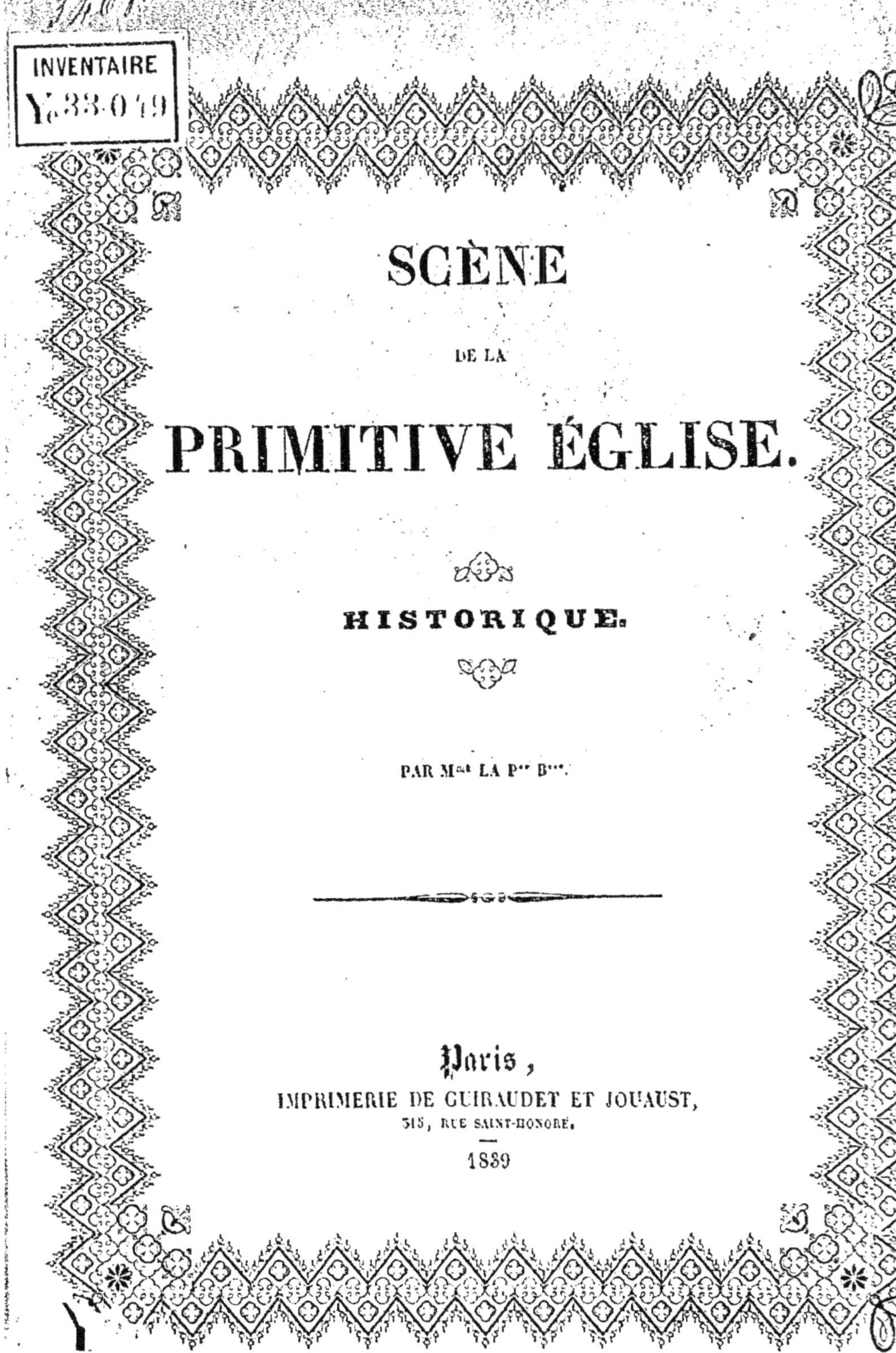

SCÈNE

DE LA

PRIMITIVE ÉGLISE.

HISTORIQUE.

PAR Mme LA P^{sse} B***.

Paris,
IMPRIMERIE DE GUIRAUDET ET JOUAUST,
315, RUE SAINT-HONORÉ.
—
1839

SCÈNE

DE LA

PRIMITIVE ÉGLISE.

Ye

33049

S. 15298

SCÈNE

DE LA

PRIMITIVE ÉGLISE.

HISTORIQUE.

PAR Mᵐᵉ LA Pˢˢ B***.

BIBLIOTHÈQUE ROYALE

Paris,

IMPRIMERIE DE GUIRAUDET ET JOUAUST,
315, RUE SAINT-HONORÉ.

1839

Première partie.

L e silence des nuits régnait en Thébaïde,

Religieux silence en ce désert aride.

Un homme prosterné, le regard vers les cieux,

Pâle d'austérités, de jeûnes rigoureux,

Demandait au Très-Haut, dans une humble prière,

De détacher son cœur des désirs de la terre.

Son corps est sans repos; son esprit tourmenté;

Le sommeil fuit ses nuits; son cœur est agité.

De Rome la splendeur, la cour orientale,

L'entraînent malgré lui vers la cité royale.

Eh ! qui pourrait blâmer ce désir curieux

Inspiré par le Ciel à son cœur généreux?

Si du haut de la chaire enfin sa voix tonnante

Dévoile les excès de la ville puissante;

Si, du patricien entr'ouvrant le trésor,

Il soulage le pauvre en lui versant son or,

Et s'il arrête à temps au bord du précipice

La vierge du Seigneur, aidant son sacrifice,

Dieu, qui voit dans son cœur, approuvera la fin

Qui le vint confirmer dans son pieux dessein.

Oui, vrai soldat du Christ, l'Eglise militante

Le trouvera servant sa cause triomphante.

Le saint anachorète, à son Dieu consacré,

Veut suivre le projet par le Ciel inspiré,

Et de ses pas pressés sillonnera la route,

Quand le soleil luira sur la céleste voûte.

De l'ange protecteur il prendra le secours

Pour diriger sa marche et veiller sur ses jours.

Son âme est affermie; il finit sa prière,

Et calme se relève en secouant la terre

Dont son humble posture imprégna ses genoux,

Lorsque de chants sacrés les accents purs et doux,

Venant le rappeler près de la sainte troupe,

Lui font hâter le pas pour en joindre le groupe.

L'astre des nuits pâlit; bientôt l'aube du jour

Du psaume matinal amène le retour.

De ces sonores voix la virile puissance

De ces sombres déserts interrompt le silence ,

Et ces hommes pieux, en leur douce ferveur,

En terminant leurs chants souvent versent des pleurs.

Un d'eux à cet instant ressent une tristesse

Qu'il repousse , combat, s'accusant de faiblesse.

D'Hilarion Érasme a reçu le secret.

Il demeure accablé ; mais, prudent et discret,

A tous il a célé cette noble entreprise.

Qui peut forcer le saint à quitter son église,

Et l'entraîner, hélas ! par delà son devoir ?

Quel but impérieux à son cœur s'est fait voir !

Pour l'en dissuader, il prie avec instance ,

Mais ne peut ébranler ni vaincre la constance

De cette volonté mûrie en un désert,

Et qu'il croit en son cœur l'appel du Dieu qu'il sert.

« Mon père, si tu pars, pour moi quelle souffrance !

» Lui dit-il. Tu le sais, car ta seule prudence

» A pu me soutenir, quand je me suis surpris

» Des vains plaisirs du monde, héias ! par trop épris.

» Si j'ai meurtri ma chair et vaincu sa mollesse,

» Bannissant de mon cœur toute humaine faiblesse,

» Je n'ai point prétendu me priver de l'amour

» D'un père, tout pour moi dans ce triste séjour.

» Pars-tu ? Je te suivrai..... Mon sort au tien s'attache.

» Il n'est point de danger qui de toi me détache :

» Pendant l'ardeur du jour je serai ton soutien,

» Ton bras dans le trajet s'appuira sur le mien.

» Si des mers le courroux réclame des victimes,

» Non, tu n'iras pas seul mesurer leurs abymes,

» Et ton fils, assuré de mourir avec toi,

» A se sacrifier verra l'acte de foi. »

Le disciple se tait, attendant en silence

Ce que du saint docteur va dicter la prudence.

De l'homme du Seigneur le regard attendri,

De terre se levant, s'adresse à son ami.

Son âme s'est émue au saint enthousiasme

Qui brille pur au front du généreux Erasme.

Sa main cherche à voiler son front majestueux,

Et le doux pleur qui vient s'échapper de ses yeux,

Semblable au temps de mai, quand la sève abondante

Sur l'arbre fait briller la goutte transparente,

Un seul instant la voit sur ce tronc rembruni,

Qu'un soleil trop ardent au désert a noirci.

« Me fiant à ta foi plus qu'à ton innocence,

» Aimable enfant, dit-il, console ta souffrance :

» Je cède à tes désirs ; mais je veux qu'en mon sein

» Tu révèles le soir les fautes du matin. »

L'élève du désert a repris confiance

Et fait à son aîné serment d'obéissance.

Les apprêts du départ sont promptement réduits

A se munir d'un sac contenant quelques fruits;

Dans l'un de ses côtés se place l'Évangile,

Qui soutiendra leurs cœurs dans la plaine stérile.

La gourde près du sac leur offrira son eau,

Jusqu'à celle que doit leur montrer le chameau.

Nos voyageurs pieux, dans leur marche rapide,

Ont reconnu bientôt la grande pyramide.

Cet ancien monument, jusqu'aux cieux élevé,

Vient surprendre un moment leur regard étonné.

De ces rois conquérants, de leurs exploits funestes,

De poudreux ossements, voilà donc les seuls restes,

Disent-ils, quand celui qui mourut sur la croix

Voit sur tout l'univers régner ses saintes lois;

Que d'apôtres zélés la parole enflammée

Les dicte au monde entier sans armes, sans armée.

Mais la mer qui paraît attire leurs regards.

Vers ce point où des flots l'on risque les hasards ,

Impatients de fuir la cité renommée

De l'empire puissant des sages Ptolémée,

Quand le vent qui du sud protége les départs,

Les appelant à bord , l'on voit de toutes parts

De passagers bruyants venir toutes bandes

A l'habile pilote apportant leurs offrandes.

On part quand du soleil la brillante clarté

En quittant l'horizon cède à l'obscurité.

Le temps le plus heureux soulage l'équipage,

Et les fait aborder sur la romaine plage.

Sans prendre de repos, et dès le point du jour,

De la voie Appienne ils suivent le contour.

Brillante et toute en fleurs, l'odorante Italie

Leur ouvre des Romains la fertile patrie,

Et le fond empourpré des hauts monts Apennins

Forme un vaste rideau qui borde les chemins.

Mais Rome a déployé son horizon superbe.

Ils inclinent leurs fronts, s'agenouillent sur l'herbe.

Là point d'encens, d'hostie, et le cœur est l'autel.

L'hymne reconnaissante est recueillie au ciel,

Car de leurs pures mains une sainte cohorte

La reçoit, et joyeuse auprès de Dieu la porte.

Deuxième partie.

DEUXIÈME PARTIE.

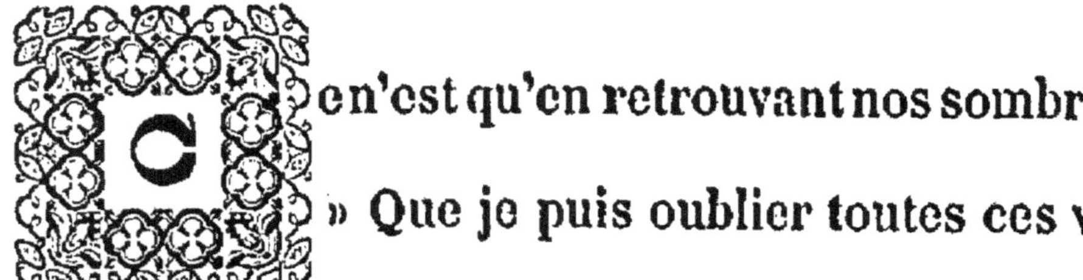 e n'est qu'en retrouvant nos sombres cavités

» Que je puis oublier toutes ces vanités, »

Disait le jeune prêtre en faisant pénitence,

Comme d'Hilarion l'a prescrit la prudence.

Les vains plaisirs de Rome à son fragile cœur

N'avaient que trop montré leur charme séducteur.

Il croit par cet aveu parer à sa faiblesse

Et trouver un avis utile à sa jeunesse.

« Tu le sais bien, mon fils, ce n'est point sans labeurs

» Qu'on reçoit du Très-Haut les divines faveurs.

» Prions sans nous lasser; les secours de la grâce

» De ces impressions effaceront la trace,

» A dit l'apôtre saint. Hélas! il faudra bien

» Apprendre dans ces lieux à marcher sans soutien.

» Je ne saurais douter que ma mort soit certaine,

» Et la fin qui m'attend ne peut qu'être prochaine.

» — Mon père, que dis-tu? De ton dernier moment

» D'où te vient ce cruel et noir pressentiment?

» —Je ne puis assigner de cause à la croyance

» Qui m'émeut, et pourtant j'y prends peu confiance, »

Reprit son compagnon, dont l'esprit attristé

De sa prédiction niait la vérité,

Tant il craint d'entrevoir la funeste lumière

Du jour où pour jamais il quittera son frère.

Ils sortent pour revoir, parcourir les détours

De ces lieux qu'ils vont fuir et quitter pour toujours.

Quelle clameur, quel cri retentit dans la ville ?

Tout s'agite, s'émeut ; sur son cheval agile

Le noble sénateur presse les curieux ;

Le char romain gémit sur ses pesants essieux.

Plus loin le coursier vole, impatient d'audace ;

Chacun se joint, s'atteint. Confondus sur la place,

Les deux frères, surpris par ces gens empressés,

Sans pouvoir résister près d'eux se voient poussés,

Vains jouets du reflux de la foule grossie,

Comme le flot bruyant d'une mer en furie.

C'est alors que du peuple ils ont compris l'ardeur :

De tous côtés rugit le mot gladiateur.

Érasme, pâlissant à ce mot qui le glace,

Veut fuir; mais la foule a grossi sur la place;

Il fait de vains efforts pour pouvoir la quitter.

La voix d'Hilarion parvient à l'arrêter.

« Écoute-moi, mon fils, ne prends point cette route,

» Descends par ces degrés, entre sous cette voûte. »

Aux ordres de son guide il lui faut obéir,

Et d'un œil consterné voir un homme périr !

Le vomitoire s'ouvre ; ils passent le portique.

Quel aspect imposant, pompeux et magnifique !

Sur ces gradins s'assoient le peuple, le sénat,

L'ordre des chevaliers, tous les hommes d'état,

Les chefs des légions , tous ceux qui dans l'armée

A la victoire ont dû leur haute renommée.

Mais qui pourrait narrer l'étonnante splendeur

Du brillant podium où se voit l'empereur?

De la pourpre et de l'or l'élégant assemblage,

Les faisceaux éclatants construits selon l'usage,

Au centre de l'enceinte éblouissent les yeux ;

Trône qui semblerait digne du roi des cieux,

Si son éclat pouvait apparaître à la terre

Sans risquer de la voir s'écrouler en poussière.

Ce qui forme surtout son plus bel ornement,

Lui donne un gracieux et beau couronnement,

Ce sont, Rome, ce sont les beautés si fameuses

Groupe de jeunes fleurs suaves et nombreuses,

Que les matrones ont, dans leur sévérité,

Près d'elles fait placer. Leur grave dignité

A ces barbares jeux sans doute ne s'obstine

Que pour bien attester leur plus haute origine.

Le tesséra (1) bronzé que montre Hilarion

Le conduit aux degrés, puis à la section

Où son chiffre le place et le met dans l'arène,

D'où son œil peut saisir l'ensemble de la scène.

Bientôt un cri du peuple impatient, bruyant,

Fait hâter le signal, et dans le même instant,

Les souterrains profonds par leurs quatre ouvertures

Vomissent à la fois toutes ces créatures

Dont se trouvaient peuplés les antres, les forêts,

Et qu'un hardi chasseur a surpris dans ses rets.

Des hiènes, des ours les hurlements atroces

Préludent au combat de ces bêtes féroces ;

(1) *Tesséra*, petit morceau d'ivoire numéroté, servant de billet pour entrer dans l'arène.

Libres de leurs liens , ces animaux hideux

S'attaquent. Animés par ces cris autour d'eux,

Le combat se soutient sans qu'aucun d'eux faiblisse ;

Il devient plus sanglant lorsque auprès d'eux se glisse

Un grand monstre imposant, au désert enfanté,

Enfonçant sous son poids le sol ensanglanté ;

Ce monstre, un éléphant, dont la haute stature

Ne le garantit pas de la large morsure

Qu'à ses flancs déchirés et de sang dégouttants

Font de hardis lions contre lui menaçants.

D'horribles animaux , nombreux , de toutes sortes ,

Arrivent tour à tour ; ils encombrent les portes.

Là se voient des serpents , des tigres , des vautours ;

Du léopard paraît la robe de velours.

Un torrent de sang noir vient inonder l'arène :

A cet affreux carnage , à cette horrible scène ,

Plein d'épouvante, Erasme a tressailli, gémi.

Dans ses bras contractés il presse son ami,

Et, mourant, à son Dieu murmure une prière,

Que son cœur défaillant croit être la dernière.

L'horreur qui le saisit a sur son front porté

Une pâleur de mort. Son frère épouvanté

Le voudrait entraîner loin de l'horrible vue

De ce combat sanglant où le trépas se rue,

Quand un lugubre cri, que la foule a jeté,

L'arrête irrésolu. Ce cri s'est répété,

Grossi par mille voix : Plus d'animaux ! les hommes.

Erasme a dit : « Fuyons. — Non, restons où nous sommes,

» Reprend Hilarion. Quand je devrais mourir,

» Ils me verront honnir leur infâme plaisir. »

Soudain l'on voit briller des bandeaux écarlates ;

L'amphithéâtre s'ouvre à deux guerriers sarmates.

Leurs bras sont enlacés, ils semblent deux jumeaux ;

Phidias inspiré n'en fit pas de plus beaux.

De ces hommes du nord la blonde chevelure

Pare d'un trait plus doux leur sauvage nature.

L'entière nudité de leurs bustes nerveux

Laisse voir tout l'effort de leurs bras musculeux.

Le brillant atelier d'un sculpteur de l'Attique

Aurait de ces fronts purs moulé le type unique.

De ces jeunes captifs le regard ferme et doux

Fixe les spectateurs sans montrer de courroux.

Ils n'ont point devant eux la cohorte ennemie

Qu'on les a vus frapper avec cette furie

Qu'au premier temps de guerre éprouve et sent le cœur

Qui brûle du désir de se rendre vainqueur.

Ignorant leur destin, ils ne peuvent comprendre

Qu'aux volontés du peuple ils doivent condescendre ;

Qu'il se faut attaquer; qu'en vain ils sont amis,

Que le cruel Romain veut les voir ennemis.

Un fer court, acéré, brille en leur main vaillante.

On les force au combat; mais, sans être sanglante,

Leur lutte prouve à tous l'impétuosité

Des coups qu'ils porteraient dans la réalité.

Mais ce jeu ne peut plaire à ce peuple barbare.

« Du sang ! encor du sang ! Le sang est-il si rare,

» Dit-il, qu'il ne puisse être à mon gré répandu ?

» A mes plaisirs celui de ces captifs est dû. »

Peuple ! rien ne t'émeut, ni leur tendre jeunesse,

Ni les efforts adroits de leur vive tendresse ;

Tu veux plus, tu prétends que, selon ton désir,

L'homme soit gracieux en se sentant mourir.

Les deux frères, objet de vives apostrophes,

Pour leur timidité reçoivent des reproches.

On prépare un trépas pour eux bien plus affreux ;

On parle de lancer les animaux contre eux.

Attristés, et craignant pourtant de laisser croire

Que le soldat romain ait seul droit à la gloire,

Ils s'attaquent enfin, leurs glaives sont croisés ;

Mais combat qu'on ne vit jamais aux temps passés !

De courage et d'amour efforts puissants et rares,

Qu'offre le cœur aimant de ces jeunes barbares !

Au fer de son ami chacun semble s'offrir,

Et de la main de l'autre est jaloux de mourir.

En déployant son bras pour s'offrir en victime,

L'un perce cet ami qu'un même but anime ;

Il reçoit dans son flanc le fer mal dirigé.

Il coule ce sang pur des Romains exigé ;

Sur son sein découvert à gros bouillons il coule.

Il tombe. Cette mort fait applaudir la foule.

La voûte retentit de longs trépignements,

Le plaisir s'est montré par des éclats bruyants.

Mais le triste vainqueur, à cette joie hideuse,

Qui par ses ris insulte à sa douleur affreuse,

Témoigne son horreur. Oh ! qu'il voudrait pouvoir,

Signalant en ces lieux son sombre désespoir,

Aux mânes de son frère offrir un sacrifice,

Et, vengé des Romains, attendre le supplice!

Il s'empare du fer sur ce corps attaché,

Le brandit en fureur, l'en ayant arraché.

Alors son œil de feu, roulant dans son orbite,

Cherche à trouver celui qu'il frappera plus vite.

Au dessus de son front le glaive est soulevé.

Mais son bras vigoureux est à peine levé,

Que de soldats armés une troupe nombreuse

Accourt le terrasser. La victoire est douteuse.

Les coups, comme l'éclair frappant de toutes parts,

Sur le terrain font voir quelques mourants épars,

Et c'est lorsque sur lui la troupe s'est ruée,

Que, succombant, sa vie est enfin achevée.

Il cherche tout sanglant son frère qui n'est plus,

L'enlace dans ses bras. Pareils on les a vus

S'avançant dans le cirque, aimables créatures,

Faire bruit et rumeur par leurs nobles figures.

Oh ! de quelle douleur à cet aspect le cœur

Du saint prêtre est saisi ! Secouant sa torpeur,

Déjà, le Christ en main, à parler il s'apprête,

Déjà son bras s'élève au dessus de sa tête.

Erasme, suppliant, voudrait le retenir :

De ses yeux inspirés il se fait obéir.

Fort du Dieu qui l'anime, il court droit aux arènes.

Un froid mortel d'Erasme a parcouru les veines,

Tout son corps est saisi d'un frisson glacial,

Car il n'en peut douter, voici l'instant fatal

Où son frère devra, par son trop d'énergie,

Provoquer un courroux qui finira sa vie.

A l'aspect de cet homme étonnant, étranger,

Se posant dans l'enceinte et voulant y parler,

Le peuple ému se tait. Son étrange figure,

Cette croix en sa main, cette robe de bure,

D'un vif étonnement remplissent les esprits,

Et chacun, atterré, se regarde surpris,

Et d'un œil étonné tout demeure en silence,

Ne pouvant concevoir cette folle imprudence,

Ni comment, dans la foule étranger, inconnu,

Dans ces lieux défendus ce moine est parvenu.

Alors Hilarion dit d'une voix tonnante

Ces mots audacieux qui passent toute attente

« Peuple ! de ton renom si fier, si glorieux,

» Ta gloire n'est donc plus qu'en ces infâmes jeux !

» De sang-froid peux-tu voir ces nobles créatures

» S'égorger, et souiller dans le sang leurs mains pures !

» Ce ne fut pas ainsi que l'on vit tes aïeux

» Porter le nom romain et le rendre fameux.

» Tigre altéré de sang ! par cet affreux carnage

» Tu détruis du Seigneur le plus brillant ouvrage.

» Qui t'a donné ce droit? Et quand ta cruauté

» Mettra-t-elle une fin à cette atrocité ?

» Penses-tu que mon Dieu, dans sa toute-puissance,

» Toujours impunément recevra ton offense ?

» Ce Dieu de son courroux ne suspend les éclats,

» Ne te laisse achever tous tes honteux ébats,

» Que pour venir plus tard te montrer sa justice,

» Et te faire expier ton attrait pour le vice.

» Vils Romains ! énervés par vos propres excès ,

» Les Barbares chez vous auront bientôt accès ;

» De ces jeunes soldats ils auront le courage ,

» Quand vous, vous n'aurez plus qu'une impuissante rage,

» Et dans vos murs détruits ils diront : Les Romains

» Ont émoussé leur fer dans ces jeux inhumains. »

Son regard exalté cherche alors dans la salle

La place que remplit la Cour impériale.

« Et toi, d'un peuple aveugle empereur tout-puissant,

» Tu viens aussi chercher ce repaire sanglant,

» T'y repaître, jouir du sang de tes victimes !

» Devant toi tu permets , tu souffres de tels crimes !

» Quoi ! les plus valeureux , au gré des vils Romains,

» Par toi seront jetés à ces jeux inhumains !

» T'imaginant que Dieu te remit la puissance

» Pour que tous leurs tourments forment ta jouissance.

» Chargé de tels forfaits crois-tu monter au ciel?

» Il te repoussera vers l'abyme éternel.

» Arrête ! il en est temps, arrête sa vengeance,

» Et, soumis aux décrets de sa toute-puissance,

» Osant stigmatiser ces odieux plaisirs,

» Arrachant aux Romains ces généreux martyrs,

» Empereur, du prétoire appelle les cohortes ;

» Qu'on entoure ces lieux, qu'on en scelle les portes,

» Qu'on y grave ces mots : Augustule, empereur,

» Défend qu'ici paraisse un seul gladiateur;

» Il ordonne, il entend que, dans l'instant, les troupes

» En sonnant le départ dispersent tous les groupes. »

Comme il finit ces mots, un sourd trépignement

Du peuple a fait prévoir le mécontentement.

Hilarion l'entend ; alors son fier courage

S'attend à recevoir tout l'assaut de leur rage.

Mais il a pour soutien et son Christ et sa croix,

Et sans peur il entend crier toutes ces voix.

Le flot se précipite et mugit dans les rues,

Et le marbre est sur lui vomi par vingt issues.

Chacun a fui du cirque et disparu soudain.

Les victimes, le saint, restent sur le terrain.

Un roulement affreux, rappelant le tonnerre,

Ou le bruit précurseur du tremblement de terre,

De tous ces furieux annonce le retour.

Dieu veut que de son saint la fin soit en ce jour.

Soumis à ses décrets, il implore la grâce

Qui parmi les heureux marque déjà sa place,

Près de ceux que la foi conduisit au trépas,

Et qui sont couronnés du prix de leurs combats.

Hilarion soumis, de son manteau de bure

A déjà ceint son corps et voilé sa figure,

Et, calme dans l'arène, inébranlable roc,

Des pierres qu'on lui lance a reçu tout le choc.

Telle se voit sur mer une frégate armée,

Dans un combat de mort à demi consumée

Par les feux de forbans acharnés et nombreux,

Déchirée, envahie, et seule au milieu d'eux,

Dans l'abyme des flots paisiblement descendre

Au bruit du son léger que la vague peut rendre,

Laissant son ennemi surpris et confondu

Du silence profond du bâtiment perdu.

Le saint prêtre a péri..... Son âme chaleureuse

Au ciel reçoit le prix de sa mort généreuse ;

Là, placé dans sa gloire, il verra s'accomplir

La promesse du Dieu dont il fut le martyr.

Augustule, à ce trait d'horrible frénésie,

S'épouvante, redoute et craint que cette vie

Sous ses yeux arrachée à cet élu de Dieu

N'attire tous les maux qu'a prédits son adieu.

Au fond de son palais il s'enfuit plein d'alarme ;

Il craint que rien jamais ne calme et ne désarme

Ce Ciel qu'on lui peignit justement irrité.

Pour l'apaiser, du prêtre il prend l'arrêt dicté ,

Et ce jour, un décret de sa main révérée

De l'arène aux Romains ferme à jamais l'entrée.

Là sont gravés ces mots : *Augustule*, *empereur*,

Défend qu'ici paraisse un seul gladiateur.

Ce fut à la suite de cette catastrophe que les combats de gladiateurs
furent abolis à Rome.

BIBLIOTHÈQUE ROYALE

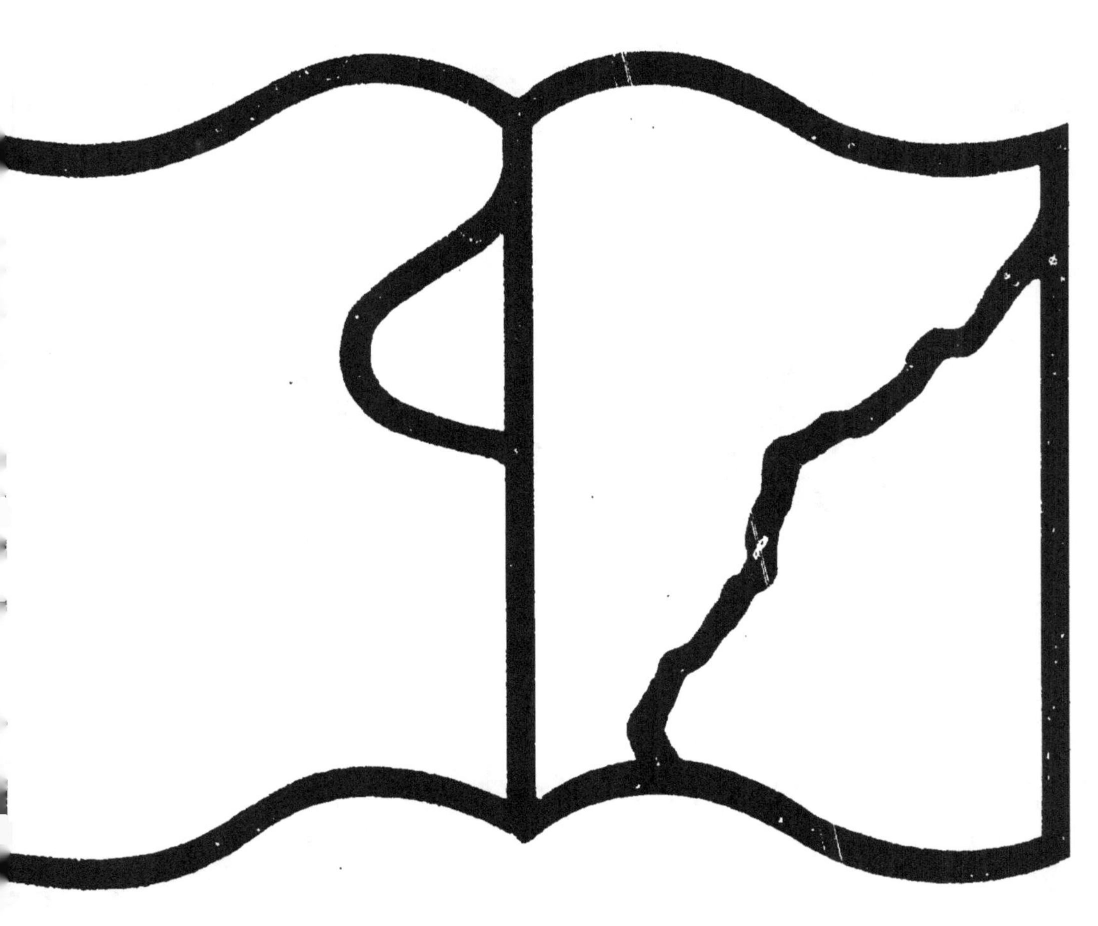

Texte détérioré — reliure défectueuse

NF Z 43-120-11

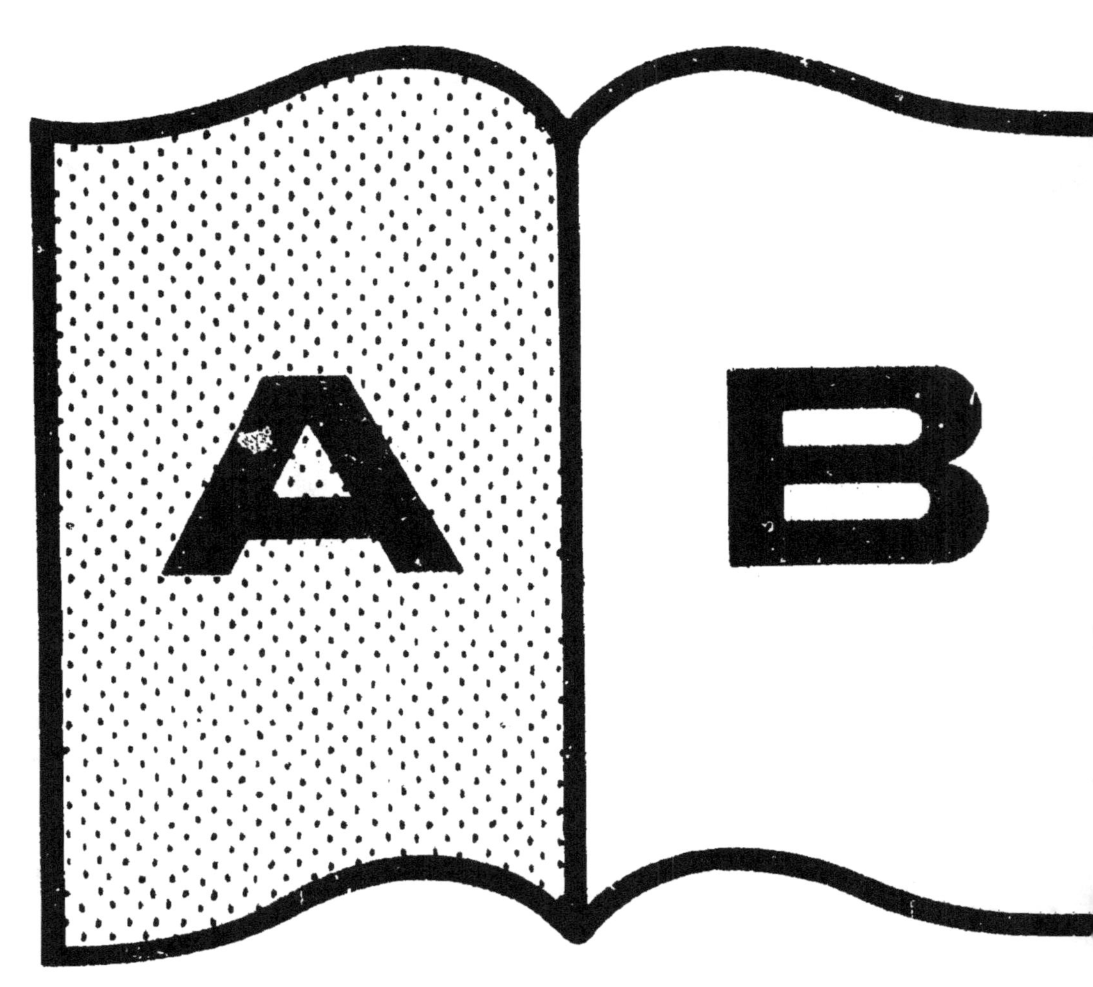

Contraste insuffisant

NF Z 43-120-14

www.ingramcontent.com/pod-product-compliance
Lightning Source LLC
Chambersburg PA
CBHW061112050726
47594CB00005B/1904